W0229733

Dieses Buch gehört:

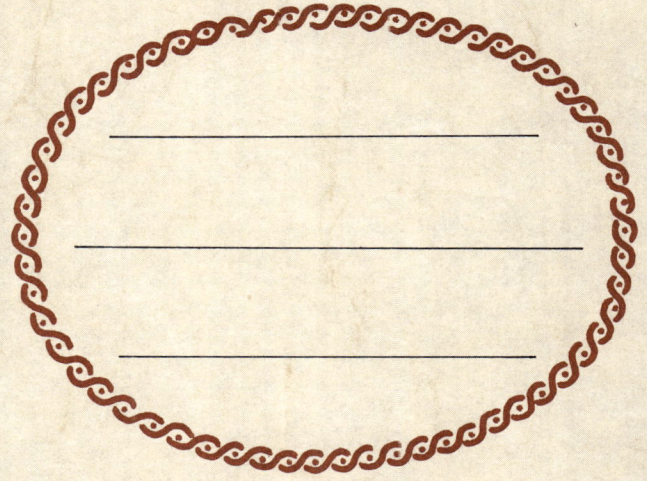

_____

_____

_____

Hölkers kleine Küchenbibliothek

Elsässer Küchenschätze

gesammelt und ausprobiert
von Gisela Allkemper

verlegt von

Wolfgang Hölker

ISBN: 3-88117-378-1

© 1984 Verlag Wolfgang Hölker GmbH, Münster
Alle Rechte vorbehalten, auch auszugsweise
Graphische Gestaltung: Rainer Eichler
Printed in Germany by Druckhaus Cramer, Greven
Buchbinderische Verarbeitung: Klemme, Bielefeld
Musterschutz angemeldet beim Amtsgericht Münster

Inhalt

**Vorspeisen
und Zwischengerichte**   8–23

**Fleischgerichte
und Eintopfgerichte**   24–37

Wild und Geflügel   38–47

Fischgerichte   48–55

Gemüse und Salate   56–65

**Teigwaren
und andere Beilagen**   66–71

Käse   72–77

Gebäck   78–85

Getränke   86–91

Inhaltsverzeichnis   93–95

Vorwort

Das Elsaß mit seinen fruchtbaren Tälern in der Rheinebene und mit den sonnendurchglühten Hängen
seiner Weinberge ist seit Jahrhunderten Anziehungspunkt für Reisende aus nah und fern. Kunst und
Kultur konnten sich hier in hohem Maße ausbreiten;
die wechselhafte deutsch-französische Geschichte
machte den Landstrich selbständig und unabhängig.
Es ist faszinierend zu beobachten, wie die Elsässer
ihre exponierte Lage nutzten und wie sie beständig ihr
Land zu einem Anziehungspunkt für Weinliebhaber
und Kenner der guten Küche ausbauten.

Da sind nicht nur die Weine berühmt. Deftige
Schweinswürste zu Sauerkrautgerichten spiegeln den
germanischen Ursprung wider und werden gern zu
einem Glas Bier genossen. Unbeschwert, ganz be-
schwingt und auf französische Art feiert das Land, was
ihm die Natur an Gaben schenkt. Im „Garten Frankreichs" läßt es sich aus dem vollen schöpfen. Hart ist
die Arbeit auf den Feldern und in den Weinbergen,
doch wenn die Weinfeste, Sauerkrautfeste, Kugelhopf-
feste, Schneckenrennen etc. anstehen, dann wird ge-
tanzt, gelacht und gesungen. Und in schöner deutsch-
französischer Verbundenheit heißt es: „Alors denn –
zum Wohl! Salut et à votre santé – ein Guets auf de
G'sundheit."

Vo

Das Elsaß bietet dem Feinschmecker eine Vielfalt an köstlichen Vorspeisen. Da unterscheidet man kalte und warme Vorspeisen, die, wenn sie reichhaltiger ausfallen, als Zwischengerichte und kleine Imbißmahlzeiten gelten.

Besonders hervorzuheben sind die warmen, zum Wein passenden herzhaften Kuchen und die Gerichte aus Gänselebern, für die man Gänse mit extra großen Lebern mästet.

Häufig wird als erfrischende Vorspeise aber auch nur ein Salat gereicht, der je nach Jahreszeit variiert. Da diese Salate ebenso gern nach dem Hauptgericht serviert werden, finden Sie Rezepte dazu in einem besonderen Kapitel (siehe Seiten 62 und 63).

Zu kurz kommen aber auch nicht die vielen Wurstsorten, für die das Elsaß so berühmt ist. Große, wohlsortierte Aufschnittplatten, dazu Baguettes und ein herzhafter Elsässer Wein, bei diesem Gedanken dürfte dem Genießer wohl „das Wasser im Munde zusammenlaufen".

Gänseleberterrine

1 Gänseleber von ca. 500 g, 10 g Salz, 80 g schmale
Speckstreifen, je 1 Gläschen Madeira und Weinbrand,
2 oder 3 Trüffeln

Die Leber häuten, die Galle und Sehnen entfernen.
Die Leber entweder mehrere Male tief einschneiden
oder in ungefähr 10 Stücke zerteilen. Salzen. Mit dem
Wein und dem Weinbrand begießen, einreiben und ca.
12–24 Stunden kühl stellen. Eine Elsässer Keramik-
Terrine, die für einen Inhalt von 500 g Masse bestimmt
ist, wird mit der Hälfte der Speckstreifen ausgelegt.
Die Leber drückt man so fest und dicht aneinander in
den Topf, daß keine Zwischenräume bleiben.
Die Trüffeln blättrig schneiden oder vierteln.
Zwischen die Leberstücke drücken. Fest andrücken,
die restlichen Speckstreifen auflegen und die Terrine
dicht verschließen. Im Backofen in einem Wasserbad
bei ca. 100° C etwa 40–50 Minuten garen. Bei Zimmer-
temperatur auskühlen lassen und dann erst in den
Kühlschrank stellen. Dazu ißt man frische Baguettes.

Gänseleber in Teig

Die Lebermasse wird genauso vorbereitet, wie im
Rezept für die Terrine beschrieben, bekommt aber
keinen Speckmantel. Hier legt man vielmehr eine
Pastetenform mit Briocheteig aus und hüllt die Masse

darin ein. Wichtig ist auch, daß die Leberstücke gut trocken sind, da der Teig sonst pappig wird. Es ist also ratsam, die Leberstücke kurz im Backofen auf einem Blech oder in der Pfanne zu trocknen. Häufig schneidet man in den Teig oben ein „Kaminloch", um die freien Zwischenräume nach dem Backen und Auskühlen mit einem Hühner-Portwein-Aspik aufzufüllen. Hierzu folgt das Rezept.

Briocheteig: 500 g Mehl, 250 g Butter, 4 Eier, 10 g Hefe, je $\frac{1}{2}$ Teelöffel Salz und Zucker, knapp $\frac{1}{8}$ l (1 kleine Tasse) lauwarme Milch

Das Mehl in eine Schüssel sieben und in die Mitte
eine Vertiefung drücken. Die Hefe mit der warmen
Milch und dem Zucker verrühren, in die Mehlmitte
gießen und mit Mehl zu einem Teiglein mengen.
Diesen Vorteig aufgehen lassen. Auf den Mehlrand
die Butter bröckeln und die Eier aufschlagen. Den
Teig von innen nach außen durcharbeiten. Wieder
aufgehen lassen, nochmals kneten und ausrollen. In
die gefettete Pastetenform einlegen. Darauf achten,
daß genügend Teig für den „Deckel" überlappt.
Die Lebermasse (siehe Seite 11) einfüllen.
Den Teigdeckel auflegen und andrücken.
30 Minuten gehen lassen. Mit Eigelb bestreichen und
bei 175° C 40–50 Minuten backen. Auch diese Pastete
wird gut gekühlt serviert.

Straßburger Gänseleberpastete

Diese Pastete, inzwischen weltberühmt wegen ihrer
köstlichen Zutaten, ist eine Erfindung des Oberkochs
des Marquis de Contades, des in der 2. Hälfte des
18. Jahrhunderts regierenden Stadthalters von Straßburg. Er war Feinschmecker par excellence und zog
der germanischen Deftigkeit die Gerichte der feinen
französischen Art vor.

*500 g Gänseleber, Salz, 2 Gläschen Madeira, 1 Gläschen
Weinbrand, 1 Lorbeerblatt (zerbröselt), 1 Gewürznelke,
Pfeffer, 1 Messerspitze Thymian, 2–3 Trüffeln, 500 g*

mageres Schweinefleisch, 2 mittelgroße Zwiebeln, 2 Eier,
60 g Paniermehl, 150 g fetter Speck (in Scheiben ge-
schnitten)

Die Gänseleber wie im Rezept Seite 11 reinigen,
mit den Gewürzen einreiben und in dem Wein und
Weinbrand marinieren. Die Leber gut abtrocknen und
in Stücke schneiden. Die Trüffeln in Stifte schneiden
und die Leber damit spicken.
Das Schweinefleisch und die gehäuteten Zwiebeln
werden 2 x durch die feinste Scheibe des Fleischwolfes
gedreht.
Eine Kastenform mit ⅔ der Menge der Speckscheiben
auslegen. Alle übrigen Zutaten zu einem Teig vermengen, in die Form füllen und diese mit dem restlichen Speck abdecken. Im Wasserbad im Backofen
bei 200° C etwa 60–70 Minuten garen. Auskühlen
lassen, vorsichtig stürzen und im Kühlschrank gut
durchkühlen.
Danach in 2 cm dicke Scheiben schneiden und servieren.

Elsässer Tüten

Brioche-Teig (siehe Rezept Seite 12)
Füllung: Gänseleberwurst (vom Metzger), Rahm

Einen festen Teig kneten und diesen dünn ausrollen.
In Streifen schneiden, mit Ei und Weißbrotbröseln panie-
ren, über spitz zulaufendem Seidenpapier zu Tüten
drehen und abbacken. Vorsichtig das Papier entfernen.

Die Gänseleberwurst mit etwas Rahm glätten und in die Tüten spritzen.

Straßburger Gänselebermedaillons

Sie werden vornehmlich zu Weihnachten mit geschmorten Zwiebeln gereicht.

1 Gänsemastleber von ca. 500 g, Mehl zum Wenden, Salz, Pfeffer, 8 Scheiben Toastbrot (ebenso groß wie die Medaillons), 8 Trüffelscheiben, 4 feste, säuerliche Äpfel

*(z. B. Renetten), Butter zum Braten, 1 Tasse kräftige
Fleischbrühe, 1 Glas Madeira, etwas Trüffelsaft*

Die Gänseleber säubern und von Sehnen, Adern und
Galle befreien. In 8 Scheiben schneiden. Diese in
Mehl wälzen und mit Salz und Pfeffer würzen. Die
Äpfel entkernen und in 8 dicke Scheiben schneiden.
Etwas Butter in einer Pfanne zerlassen. Zunächst das
Brot darin von beiden Seiten rösten. Nebeneinander
auf vorgewärmte Teller oder eine große Platte legen.
Danach erneut Butter in die Pfanne geben, erhitzen
und die Lebermedaillons kurz und scharf darin an-
braten. Auf das Brot legen. Die Apfelscheiben in der
Butter braten. Währenddessen die Leber mit den
Trüffelscheiben belegen. Darauf dann jeweils eine
Apfelscheibe geben. Die Butter mit etwas Brühe,
Trüffelsaft und Wein loskochen und über das Gericht
gießen.

Elsässer Wurstbrötchen

*1 Paket tiefgefrorener Blätterteig (aufgetaut), 1 große ge-
räucherte Kochwurst, 300 g gekochtes Sauerkraut, 1 Eigelb*

Den Blätterteig zu einem Rechteck ausrollen. Das
Sauerkraut gut ausdrücken, damit es möglichst
trocken ist, und auf dem Teig verteilen. Darauf die
Wurst legen. Die Teigränder mit Eigelb bestreichen,
dann den Teig zu einer Rolle aufwickeln. Die Ränder

fest andrücken. Das Wurstbrötchen mit der Nahtstelle nach unten auf ein mit Wasser bespritztes Backblech legen, obenauf mit Eigelb bepinseln und bei 225° C goldbraun abbacken.

Zwiebelkuchen

Nordwestlich von Straßburg, im Kochersberger Ländchen, findet der Interessierte kunstgeschichtliche Kostbarkeiten in Fülle. Es ist außerdem eine idyllische Gartenlandschaft mit guten Böden und hervorragendem Klima. Hier gedeihen nicht nur Hopfen und Spargel, es ist auch „das Knoblauch- und Zwiebelparadies". Knoblauch und Zwiebeln gehören unbedingt zum elsässischen Kochen. Wen wundert es da, daß es Knoblauch- und Zwiebelmärkte mit riesigen Angeboten gibt, denn schließlich möchte man zum neuen Wein in netter Runde auf den geliebten Zwiebelkuchen nicht verzichten.

Teig: 250 g Mehl, 125 g Butter, etwas Salz, Wasser
Belag: 8 mittelgroße Zwiebeln (ca. 300 g), 2 Eßlöffel
Butter, je 1/4 l Rahm und Milch, 3 Eier, 1–2 Eßlöffel Mehl,
Salz, Pfeffer, geriebene Muskatnuß

Aus den Teigzutaten einen festen Butterteig kneten. Diesen für 30 Minuten in den Kühlschrank stellen und dann so ausrollen, daß eine große Kuchenform ganz damit ausgeschlagen werden kann.
Die Zwiebeln schälen, in Scheiben schneiden und in der Butter goldgelb anlaufen lassen. Auskühlen lassen.

Die übrigen Zutaten verquirlen. Die Zwiebeln unter-
mengen und diese Masse in die Teigform füllen.
Bei 200° C etwa 25–30 Minuten backen, bis sich obenauf eine leichtbraune Kruste bildet.
Dazu neuer Wein, Edelzwicker oder Sylvaner.

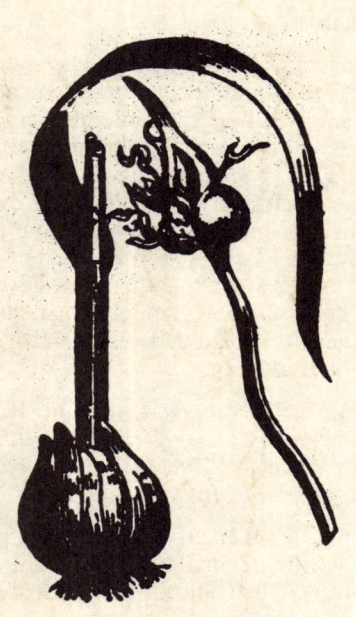

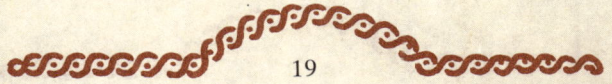

Flammeküeche

Jedes Jahr am 1. Sonntag im Oktober wird in Barr,
dem unterelsässischen Weinzentrum, das Weinlesefest
gefeiert. Hier treffen sich die Winzerfamilien der
Weinstraße. Es ist ein Trachten- und Folklorefest.
Volksgruppen tanzen, reich ausgeschmückte Festzüge
bestimmen den Ablauf. Natürlich wird so ein Fest von
Wein und von gutem Essen begleitet. Große Flamme-
küeche, vom Bäcker frisch und warm gebracht,
werden im Hof des Rathausplatzes angeboten und
auch in jeder Weinstube serviert.
Aber nicht nur in Barr liebt man diesen Kuchen, rund
um Straßburg ist er ebenfalls favorisiert. Seinen
Namen verdankt er dem Backvorgang, denn früher
wurde er in den Brotbacköfen der Dörfer direkt auf
der Glut gebacken. Diese Öfen waren mit Holzreisi-
gen angeheizt worden, die man dann beiseite schob,
um so den Kuchen in die Mitte zu plazieren. Hier
wurde er tatsächlich von den Flammen „beleckt".
Heute backt man ihn im Ofen, läßt aber häufig in
einem Spezialofen zum Schluß kleine Flammen darüber züngeln. Man trinkt Sylvaner, Riesling oder einen
weißen Pinot dazu.

*500 g Brotteig (vom Bäcker besorgen), ¼ l Crème fraîche,
250 g Quark (Weißkäse), 2 Eier, 2 dicke Zwiebeln,
50 g Speckwürfel von geräuchertem Brustspeck, Salz,
Pfeffer, geriebene Muskatnuß, 1–2 Eßlöffel Rapsöl,
eventuell gehackte Walnüsse*

Den Brotteig dünn ausrollen und auf ein gefettetes Backblech legen. Quark, Eier, Crème fraîche, Salz, Pfeffer und Muskat verquirlen. Auf den Teig streichen. Die Zwiebeln fein würfeln und mit den Speckwürfeln auf die Masse streuen. Das Ganze wird mit Rapsöl begossen und nach Geschmack noch mit gehackten Walnüssen bestreut. Im vorgeheizten Ofen bei starker Hitze backen, bis er obenauf gut braun ist.

Weinbergschnecken, Elsässer Art

Nicht weit vom berühmten Colmar entfernt liegt das kleine Dörfchen Osenbach. Hier findet alljährlich im April ein kurioses Fest statt: das Schneckenrennen. Welche der 10 durchtrainiertesten Schnecken erreicht wohl das 50 cm Ziel mit mehr als 0,002 Stundenkilometertempo, um damit Sieger zu werden? Hunderte von Besuchern lassen sich dieses Ereignis nicht entgehen, und selbstverständlich wandern an diesem Tag viele mit Knoblauchbutter angerichtete Tierchen in die Mägen der Zuschauer. Aber auch sonst sind Weinbergschnecken in Kräuter- oder Knoblauchsud eine beliebte Vorspeise.
Um Ihnen die langwierige Prozedur des Schneckenkochens zu ersparen, schlage ich vor, sie vorgekocht von einer guten Konservenfirma als Dosenware zu kaufen. Als Vorspeise rechnet man pro Person 6 Weinbergschnecken, als Zwischen- oder Imbißgericht etwa 12 Stück.

Und so werden die vorgekochten Schnecken weiter zubereitet und serviert:

250 g frische, weiche Butter, 2 Zehen Knoblauch, 2 Schalotten, 2 Eßlöffel gehackte Petersilie, Salz und Pfeffer nach Belieben

Knoblauch, Schalotten und Petersilie ganz fein hacken und mit dem Salz und Pfeffer in der Butter verkneten. In je ein gut ausgespültes Schneckenhaus gibt man zunächst etwas Schneckensud, der eventuell mit Elsässer Weißwein noch verfeinert wird, dann eine Schnecke

und verschließt zum Schluß die Öffnung mit einem
etwa haselnußgroßen Stück angemachter Butter. In
Spezialschneckenpfannen legt man nun in jede Vertiefung solch ein gefülltes Haus, und zwar mit der
Öffnung nach oben. Im Ofen erhitzen, bis die Butter
in den Häuschen zu schäumen beginnt.
Gegessen werden die Schnecken heiß mit einem
Spezialbesteck. Dazu serviert man Stangenweißbrot
und einen frischen Weißwein.

Torteletts, Elsässer Art

Brioche-Teig (siehe Rezept Seite 12)
Füllung: geschmortes Sauerkraut, je Tortelett eine
Schinkenscheibe und etwas Bratensaft

Den Teig ausrollen und in kleine gefettete Tortelett-
förmchen legen. Das geschmorte Sauerkraut fest ausdrücken und hoch in die Förmchen füllen. Mit etwas
Bratensaft befeuchten. Eine Scheibe Schinken, der
Form angepaßt, auflegen. Die Torteletts bei 225° C
etwa 15 Minuten backen. Als Vorspeise ohne Beilage,
aber warm servieren. Als Zwischengericht zu Butternudeln (vermischt mit Trüffelwürfelchen) anrichten.
Variante: Man bestreicht die Törtchen mit Bibeleskäs,
gibt den Schinken gewürfelt und außerdem noch
Zwiebelringe obenauf. Abbacken wie oben.

Eigene Rezepte
und Notizen:

eischgerichte/Eintopfgerichte

Die Zubereitung von Fleisch- und Eintopfgerichten basiert zumeist auf Schweinefleisch. Sehr verführerisch sind die vielen Arten und Sorten köstlicher Schweinswürste. Der Duft eines Schweinsbratens oder eines vor sich hin schmorenden Eintopfs rechtfertigt die Elsässer Einstellung: Das Schwein ist ein gar köstlich zuzubereitendes Tier. Die schier unendliche Fülle an Verwendungsmöglichkeiten läßt eine fast vollständige Verwertung zu, so daß am Ende „nur noch das Quieken übrig bleibt".

Schiffala

1,5 kg geräucherte, leicht gepökelte Schweineschulter (Schiffala)
Sauce: 20 g Butter, 1 Schalotte oder kleine Zwiebel, 1 Eßlöffel Mehl, $\frac{1}{8}$ l Rahm, 150 g Meerrettich

Die Schweineschulter in kochendes Wasser legen und 90 Minuten kochen lassen. Inzwischen die Butter in einem kleinen Topf zerlassen, die Schalotte hacken und in dem Fett anschwitzen.
Mit Mehl bestäuben und mit Rahm ablöschen. Frisch geriebenen Meerrettich, eventuell etwas Salz zugeben. Das Fleisch in Scheiben schneiden und heiß, von der Sauce getrennt, servieren. Dazu ißt man Kartoffelsalat oder sauer eingelegte Gurken und Zwiebeln. Dieses Gericht schmeckt vorzüglich in der Winterzeit, wenn frisch geschlachtet wurde und die Pökellake noch nicht zu sehr durchgezogen ist.

Fleischtorte aus den Vogesen

Teig: 500 g Mehl, 250 g Butter, Salz und Wasser
Füllung: 250 g Kalbfleisch, 250 g Schweinefleisch,
250 g Schweinenieren, 1 Milchbrötchen, 1 große Zwiebel,
1 Knoblauchzehe, 1 Eßlöffel Butter, 1 Ei, 1 Gläschen
Weinbrand, Salz, Pfeffer, etwas Pastetengewürz
Außerdem: 1 Eigelb zum Bestreichen

Aus den Zutaten einen festen Teig kneten. ⅔ davon
ausrollen und eine gefettete, große, runde Form damit
ausschlagen. Das Brötchen in Milch einweichen.
Die Zwiebel und die Knoblauchzehe fein hacken und
in Butter anschwitzen. Das Fleisch in kleine Würfel-
chen schneiden und trocken tupfen. Die Nieren
säubern und wässern. Ebenfalls würfeln und trocken
tupfen. Alle Fleischsorten mit dem Ei, den Gewürzen,
dem Weinbrand, der Zwiebel, dem Knoblauch und
dem eingeweichten und ausgedrückten Brötchen gut
vermengen. Diese Füllung in die Form streichen. Das
letzte Drittel des Teigs so groß ausrollen, daß es als
Deckel die Torte verschließt. In der Mitte ein kleines
Loch (Kaminloch) ausstechen, damit der Dampf beim
Braten entweichen kann. Die Teigränder und den
Deckel mit Eigelb bestreichen, fest andrücken und zunächst bei starker, dann bei mäßiger Hitze backen.
Backzeit: 30–40 Minuten. Nach dem Backen gießt
man durch das Kaminloch etwas dicken Rahm zu.
Heiß servieren und dazu einen kräftigen Riesling
trinken.

Bäckeoffe

Eines der bekanntesten und beliebtesten Gerichte im
Elsaß ist der Bäckeoffe. Seinen Namen erhielt das Gericht von der Backart, da man früher seinen „Topf"
zum Bäcker brachte und der ihn in den noch warmen
Ofen schob. So wurde zum einen die Restwärme dort
ausgenutzt, zum anderen entlastete es die Hausfrau,
die an diesem Tag ihren großen Waschtag hatte, Haus-
putz machte oder sonst eine zeitraubende Arbeit
verrichtete. Für dieses Gericht gibt es extra gefertigte
große Keramiktöpfe, die nach schönen, aus dem
Mittelalter stammenden Vorbildern entworfen, ge-
formt, bemalt und gebrannt werden und deren

„Rezepte" gehütet werden wie die eines Pasteten-
bäckers.
Fest steht, daß 1580 ein Töpfer aus Siegburg an der
Sieg nach Betschdorf wanderte und sich dort nieder-
ließ. Er schuf einen ganz neuen Industriezweig, der in
vielen Dörfern am Rande des Hagenauer Forstes
manch einem Arbeit und Brot brachte. Die Ton-
gruben dieses Gebietes liefern nach wie vor das Roh-
material. Heute wetteifern Betschdorf und Soufflen-
heim um die begehrtesten und beständigsten Keramiktöpfe, die es in vielen Formen, z. B. als Mostkrüge,
Einmachtöpfe, Schneckenteller, Schüsseln, Kugel-
hopf- und Bäckeoffeformen gibt.

Je 500 g Schweinekamm, Hammelschulter und Rinder-
brust, 3 Zwiebeln, 1 kg Kartoffeln
Marinade: 2 Zwiebeln, 2 Karotten, 2 Stangen Lauch,
½ Sellerieknolle (zerkleinern), 2 Lorbeerblätter, ½ Tee-
löffel geriebener Thymian, 2 Nelken, 6 Wacholderbeeren,
2 Knoblauchzehen, 1½ l Weißwein (Sylvaner, Edelzwicker
oder Riesling), Salz, Pfeffer

Das Fleisch in mundgerechte Stücke schneiden und
24 Stunden in die Marinade legen. Am anderen Tag
die Zwiebeln und die Kartoffeln schälen und in Scheiben schneiden. Den Topf schichtweise mit Kartoffeln,
Fleisch, Zwiebeln und Gemüse aus der Marinade
füllen. Marinade angießen. Den Deckel auflegen und
2–2½ Stunden im Backofen garen.
Sollten Sie keinen festschließenden Topf besitzen, so
füllen Sie eine feuerfeste hohe Form mit dem Gericht
und verschließen diese Form mit Brotteig.
Der Bäckeoffe wird in dem Topf zu Tisch gebracht.
Man ißt dazu Salat.
Abwandlung: Man kann noch Schweinsfüße,
-schwänzchen oder Gansteile zugeben.

Kartoffeln nach Vogesenart

Die Senner in den Vogesen, besonders im Munstertal,
essen dieses Gericht seit Jahrhunderten als Mittags-
mahlzeit zu Milch oder Wein. Auch heute noch wird
es gekocht. Lassen Sie es sich doch einmal servieren.

*2 kg Kartoffeln, 750 g Butter, 1 kg Zwiebeln, Salz, Pfeffer,
100 g Bauchspeckwürfel*

Die Kartoffeln schälen und in feine Scheiben schneiden. Die Zwiebeln häuten und scheibeln. Etwas Butter
in einer Pfanne zerlassen, darauf lagenweise alle Zutaten – auch die Butter – schichten. Zudecken. Früher
backte man dieses Gericht im Kaminfeuer oder im
Backhaus. Heute wird es im Ofen oder in der
Aschenglut des herbstlichen Kartoffelgrüns gegart.
Wenn Sie es draußen garen, müssen Sie darauf achten,
daß auch der Deckel mit heißer Asche abgedeckt ist,
weil die Hitze sonst das Gericht unterschiedlich in den
Schichten gart. Dauer: 2 ½ bis 3 Stunden, wenn es in
der Aschenglut steht. Im Backofen dauert es nur
45 Minuten. Nach Altvätersitte ißt man diese Kartoffeln direkt aus der Pfanne.

Garniertes Sauerkraut, Elsässer Art

Garniertes Sauerkraut, Choucroute garnie, ist *das* Elsässer Nationalgericht schlechthin. Diätler seien gewarnt, aber einer Gruppe kräftig essender Personen lacht das Herz im Leibe ob solch einer riesengroßen, üppig garnierten Platte. In etlichen Orten um Colmar und Straßburg gibt es sogar regelrechte Sauerkrautfeste.

Gemüse: 2 kg Sauerkraut, 125 g Gänseschmalz, 3 Zwiebeln, 2 Gewürznelken, 2 Lorbeerblätter, 6 Wacholderbeeren, 1 Knoblauchzehe, Pfefferkörner, Salz, $^1/_2$ –1 Flasche Riesling, 1 kg Kartoffeln
Fleisch: 1 geräucherte Schweineschulter von ca. 1 kg, 1 gepökelte Schweinshaxe, 750 g gepökelter Schweinekamm, 500 g Räucherspeck, einige Straßburger Würstchen, 1 großer Ring Bauernbratwurst, Leberknödel

Die Gewürze und die Knoblauchzehe in ein Leinensäckchen füllen. Das Sauerkraut waschen und kräftig ausdrücken. Die Zwiebeln häuten und in Scheiben schneiden. Das Schmalz in einem großen Topf auslassen und die Zwiebel darin glasig anschmoren. Danach das Sauerkraut zugeben und mit Wasser und Wein ablöschen. Das Gewürzsäckchen einlegen. 30 Minuten kochen lassen. Darauf achten – auch in der Folgezeit –, daß immer genügend Flüssigkeit im Topf ist. Die Flüssigkeit sollte jeweils zu gleichen Teilen aus Wasser und Wein bestehen. Nach 30 Minuten werden auf das Sauerkraut die Schweineschulter, die Haxe, der Kamm und der Speck gelegt.

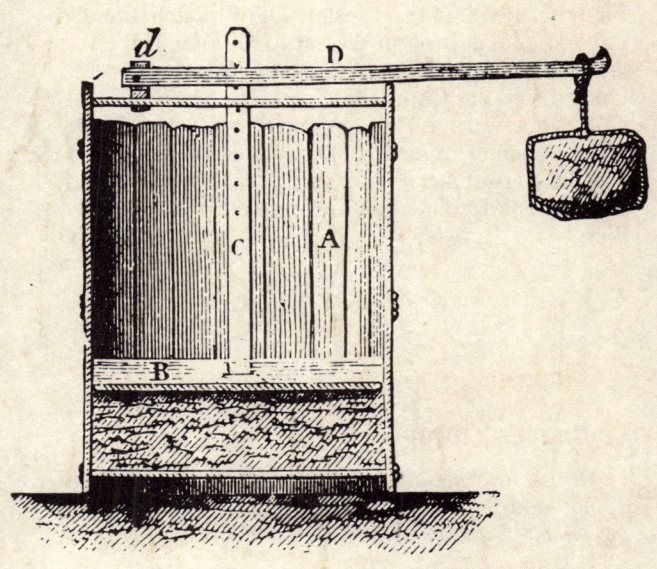

Man verschließt den Topf dicht und läßt ihn 2 Stunden kochen. Öfter den Flüssigkeitsstand regulieren. Die Kartoffeln schälen und nach den 2 Stunden auf das Gericht legen. 30 Minuten Garzeit. Kartoffeln, die im Sauerkraut schmoren, werden glasig, so daß Sie darauf achten sollten, daß die Kartoffeln auf dem Fleisch liegen und gar dünsten. Die Würstchen und Leberknödel in heißem Wasser 10 Minuten ziehen lassen. Die Bratwurst rundum anbraten.

Und so wird das Choucroute garnie serviert: Eine große vorgewärmte Platte mit dem Sauerkraut füllen (Gewürzbeutel entfernen). Darauf alle Fleischsorten und die Kartoffeln rundum garnieren. Eventuell nachsalzen. Senf dazu reichen und ein kräftiges Elsässer Bier.

Colmarer Eintopf

1 kg weiße Rüben, Salz, 100 g Schmalz, 100 g Zwiebeln, 2 Knoblauchzehen, 500 g geräucherte Schweineschulter, 1 gepökelte Schweinshaxe, 2 Tassen Elsässer Weißwein

Die Rüben waschen, putzen, in Scheiben schneiden und salzen. Die Zwiebeln schälen, in Scheiben schneiden und in dem Schmalz anbraten. Die weißen Rüben waschen, abtropfen und ausdrücken. Die Hälfte davon mit den Zwiebeln anbraten. In einen Topf geben. Obenauf das Fleisch legen und den Rest der weißen Rüben. Mit Wein und Wasser angießen. 90 Minuten im Ofen garen. Das Fleisch herausnehmen und in

Scheiben schneiden. Auf einer vorgewärmten Platte
das Gericht anhäufeln, das Fleisch zuoberst.
Dazu gehören Dampfkartoffeln.

Eigene Rezepte

und Notizen:

Wild und Geflügel

a) Wild

Die Vogesen und die Wälder im Elsaß sind reich an
Wild. Köstliche Gerichte – vor allem der so beliebte
Hasenpfeffer – sind zur Jagdzeit eine willkommene
Abwechslung im Speiseplan. Aber auch die Fasane,
besonders wenn sie in Sauerkraut geschmort werden,
erfreuen sich guten Zuspruchs. Aus den zahlreichen
köstlichen und mit Phantasie zubereiteten Wildmenüs
seien hier diese beiden wohl typischsten ausgewählt.
Probieren Sie sie doch einmal!

Fasan auf Sauerkraut

*1 kg Sauerkraut, 100 g Gänseschmalz, 250 g geräucherter
Speck, 1 geräucherte Kochwurst, 1 Zwiebel, 1 junger
Fasan, Gewürzbeutel, 1 Lorbeerblatt, 2 Gewürznelken,
6 Wacholderbeeren, $\frac{1}{4}$ l Brühe, $\frac{1}{4}$ l Riesling, Salz, Pfeffer*

Das Sauerkraut kräftig waschen und auspressen. Das
Gänseschmalz auslassen, den Speck und die in Scheiben geschnittene Zwiebel anschmoren. Das Sauerkraut und den Gewürzbeutel einschichten. Mit Brühe
und Wein ablöschen und 60 Minuten kochen lassen.
Danach das Fleisch zugeben. Den Fasan vorher kurz
rundum anbraten. 30–45 Minuten garen. Mit Salz und
Pfeffer abschmecken und alles auf einer vorgewärmten Platte anrichten, wobei das Sauerkraut die Basis
bildet.

Hasenpfeffer

Er erfreut sich zur Jagd- und Weihnachtszeit besonderer Beliebtheit. Er wird zu frischen Butternudeln, vermischt mit Trüffelwürfeln, gereicht.

1 dicker, küchenfertiger Hase, 3 große Zwiebeln, 2 Knoblauchzehen, 6 Eßlöffel Öl, 1 Messerspitze Thymian, 2 Lorbeerblätter, 2 Gewürznelken, Salz, Pfeffer, 1 Gläschen Weinbrand, 1 Flasche Rotwein, frische Kräuter (z. B.: Petersilie, Sellerieblätter, Liebstöckel, Fenchel u. a.), 150 g Speckwürfel, einige abgezogene Schalotten oder kleine Zwiebeln, Mehl, 2 Eßlöffel Fett zum Anbraten

Den Hasen abziehen und ausnehmen. Dabei das Blut

auffangen und Herz und Leber zurückbehalten. Den
Hasen waschen, abtrocknen und in gleichmäßig große
Stücke zerteilen. Diese in eine Porzellanschüssel
legen, mit Salz und Pfeffer bestreuen und mit Öl und
Weinbrand übergießen. Danach die Zwiebeln und
Gewürze einlegen und mit dem Rotwein marinieren.
1 Nacht kühl stellen. Danach das Fleisch trocken
tupfen und in heißem Fett anbraten. Den Speck und
die Schalotten zugeben. Kurz anschmoren. Die Gewürze und Zwiebeln aus der Marinade zugeben.
Mit Mehl bestreuen und braun anbraten. Danach mit
Marinade ablöschen. Herz und Leber einlegen und
mitschmoren. Ist das Fleisch weich, wird der Fond mit
dem aufgefangenen Blut gedickt, mit Salz und Pfeffer
abgeschmeckt und mit den gehackten, frischen Kräutern angereichert.
Vielfach streicht man die Sauce vor dem Andicken
durch ein Sieb, damit man die Gewürze nicht zerbeißt.
Die Sauce wird aber kräftiger, wenn die Gewürze
weiterhin darin ziehen können.

b) Geflügel

Man muß es wissen, und denjenigen, die es nicht wissen, sei es hiermit gesagt: ein französischer Gourmet
verabscheut gefrorenes Federvieh. Auf jedem Markt,
in jedem einschlägigen Geschäft gibt es frisches,
küchenfertig vorbereitetes Geflügel zu kaufen.
Bitte bedienen Sie sich!

Hahn in Riesling

1 Masthahn oder -huhn von ca. 1,5 kg, 3 Eßlöffel Butter zum Anbraten, 2 Schalotten, 1 Gläschen Weinbrand, Salz, Pfeffer, Riesling nach Bedarf, 1 Tasse Crème fraîche, 1 Eßlöffel Mehl, 200 g frische, geblätterte Champignons

Den Hahn in 4 Stücke zerteilen, würzen und in Butter anbraten. Die abgezogenen Schalotten zugeben, mit anbraten und mit Weinbrand flambieren. Danach mit Riesling und etwas Wasser ablöschen und den Hahn gar schmoren. Die Hähnchenteile auf eine vorgewärmte Platte legen und warm stellen. Die Champignons kurz anziehen lassen, mit wenig Mehl bestäuben und den Fond mit der Crème fraîche etwas andicken. Über die Hähnchenteile gießen und sofort servieren.

Hähnchen in Bier

Mindestens ebenso beliebt wie der Hahn in Riesling ist das Hähnchen in Bier. Das erstere ist feiner, sanfter im Geschmack. Dieses hier ist besonders herzhaft und deftig.

1 Masthuhn von 1,5 kg, Salz, Pfeffer, 4 Schalotten oder 2 Zwiebeln, 80 g Butter zum Anbraten, 1 kleine Flasche Bier, 1 Gläschen Treberbranntwein (Tresterschnaps), 1 Tasse Crème fraîche, 250 g frische Champignons, viel gehackte Petersilie

Das Huhn in 4 Stücke zerteilen, salzen und pfeffern.

Die Schalotten abziehen und würfeln. Die Fleisch-
stücke zuerst, dann auch die Schalottenwürfel in der
Hälfte der Butter anbraten. Mit dem Schnaps flam-
bieren, dann das Bier zugießen und alles bei geringer
Hitze weich schmoren. Öfter begießen. Die Hühn-
chenteile auf eine vorgewärmte Platte legen und im
Ofen warm halten. Den Fond etwas einkochen lassen.
Dabei die Champignons zugeben. Mit Crème fraîche

eindicken und mit der restlichen Butter samtig
abschmecken. Die Sauce über die Hähnchenteile
gießen. Mit viel gehackter Petersilie bestreuen und mit
frischen Spätzle oder Knepfle servieren.

Gefüllter Gänsehals

Den Gänsen, so sagt man, ergeht es wie den
Schweinen: Sie werden total verarbeitet! Von den
Gänsen bleiben nur noch die Füße übrig.

*1 Gänsehals, 500 g Schweinekamm, Salz, Pfeffer,
125 g Gänseleber, 2–3 Trüffeln, einige Tropfen Weinbrand, 1 Teelöffel Pastetengewürz, Brühe nach Bedarf*

Die Haut des Gänsehalses ohne Verletzung abziehen.
Das dünnere Ende mit einem Weißdorn zusammen-
halten. Das Fleisch 2 x durch die feinste Scheibe des
Fleischwolfes drehen. Die Gänseleber fein hacken.
Ebenso die Trüffeln. Mit dem Fleischteig mengen.
Mit Salz, Pfeffer und dem Pastetengewürz ab-
schmecken und mit dem Weinbrand befeuchten. In
den Hals füllen und zubinden. In Rindfleisch- oder
Hühnerbrühe ca. 45 Minuten garen. Nicht kochen
lassen, da dann die Halshaut schnell platzen könnte.

Häufig wird der Gänsehals, kalt aufgeschnitten, als
Vorspeise gereicht. Er dient aber auch als vollständiges
warmes Abendgericht mit einem Salat oder Gemüse-
püree.

Eigene Rezepte

und Notizen:

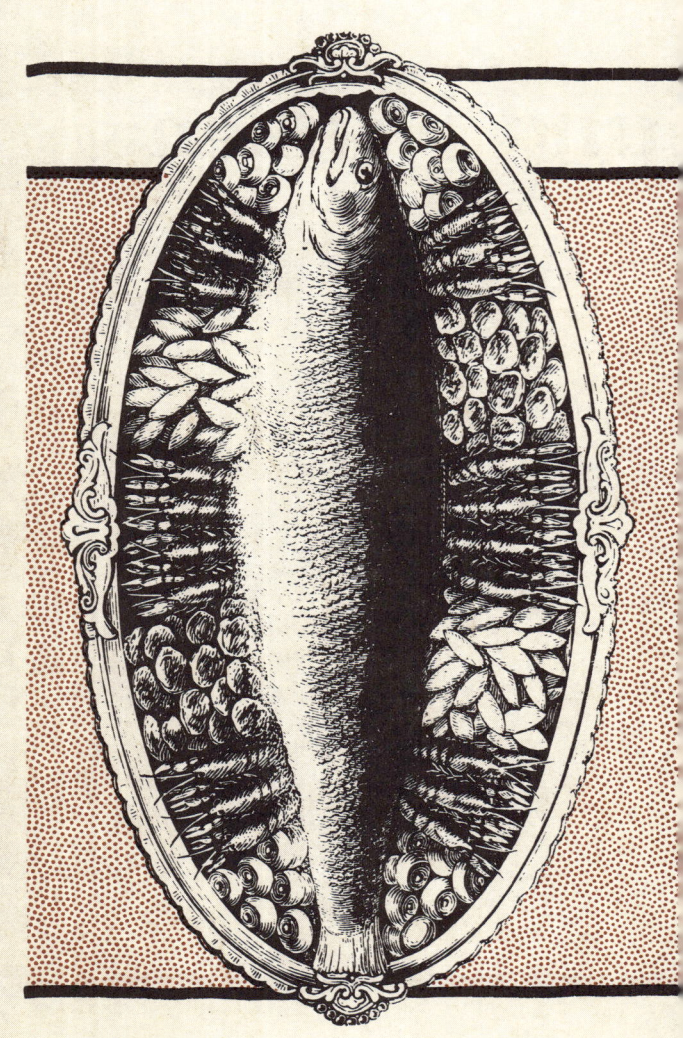

Fischgerichte

Parallel zum Rhein und auch zum Rhein hin ver-
laufen viele kleine Flüsse und Bäche, ebenso viele
kleine Fischerdörfer gibt es, die früher sehr wohl vom
Fangreichtum und von der Fisch-Gastronomie leben
konnten. Heute sieht das etwas anders aus, aber ein
kräftiges Matelote oder kleine fritierte Bärschle sind
auch jetzt noch zu haben. Berühmt ist die Zubereitung
der Illhechte und der Karpfen, die zu lukullischen
Schwärmereien verführen.

Matelote

Dieses Fisch-(Matrosen-)Gericht besteht aus vielen
(mindestens 4–5 Sorten) Fischarten. Dazu gehören
immer Hecht, Aal, Schleie, Barsch und Forelle.
In Weißwein gekocht, mit Knoblauch, Kräutern,
Rahm und Weinbrand verfeinert, bildet das Ragout
ein wunderbares, sättigendes, aber leichtes Gericht.

*Von jeder Fischsorte 500 g: z.B. Aal, Barsch, Hecht,
Schleie, Forelle
Außerdem: 125 g Butter, 2 Zwiebeln oder Schalotten,
1 kleines Glas Weinbrand, 1 Glas Elsässer Riesling,
1 Kräuterbündel (Thymian, Petersilie, 1 Lorbeerblatt,
Liebstöckel, Estragon, Majoran, 1 Knoblauchzehe), Salz,
Pfeffer, 2 Eßlöffel Mehl, 1 Tasse Rahm, Saft von ½ Zitrone,
10 kleine Zwiebeln, eventuell 250 g frische Champignons*

Die Fischsorten säubern, in mundgerechte Stücke

schneiden und würzen. Die Zwiebeln oder Schalotten
hacken und in der Butter anschmoren. Die Fisch-
stücke einlegen, kurz mit anbraten und dann mit
Weinbrand und Wein ablöschen.
Die Kräuter in ein Leinensäckchen geben und in den
Topf hängen. 10 Minuten schmoren lassen. Das Mehl
mit der Zitrone und etwas Brühe verquirlen.
Die Sauce damit andicken. Die Zwiebelchen abziehen
und extra schmoren. Dann zu dem Gericht geben.
Eventuell kann man auch noch frische Champignons
mitschmoren. Zu frisch gekochten Nudeln und
Blätterteigfleurons servieren.
Variante: Vielfach werden auch noch Muscheln oder
Flußkrebse mitgekocht. Statt der Fleurons serviert
man auch wohl der Einfachheit halber in Butter ge-
röstete Weißbrotscheiben dazu.

Bärschle

Wer Spaß an originellen Wettbewerben hat, der muß
im Juli/August nach Straßburg fahren, um das tradi-
tionelle Schifferstechen mitzuerleben. Diese mittel-
alterliche Sportart wurde früher im ganzen alemanni-
schen Raum ausgeübt. Es ist ein Geschicklichkeits-
rennen auf dem Wasser, bei dem die Teilnehmer nicht
wasserscheu sein dürfen. Wer das gegnerische Boot
und die Schiffer zu Wasser bringt, ist Sieger und
erwarb ehemals damit Fischerei-Rechte.

16–20 kleine Fische, Salz, Pfeffer, Mehl, Ausbackfett

Die Fische säubern und ausnehmen. Sie werden gesalzen, mit etwas Pfeffer eingerieben und durch Mehl gewälzt. In heißem Fett in der Friteuse oder Pfanne knusprig braun ausbacken. Man ißt diese Fische mit den Fingern. Es gibt dazu nur einige Scheiben deftigen Bauernbrotes und Wein oder Bier.

Illhecht in Rahm

Machen wir uns nichts vor: der Hecht ist einer der

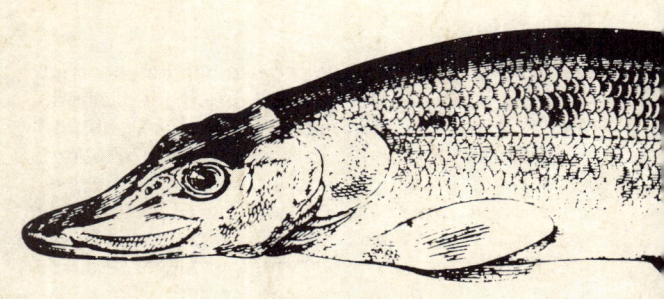

größten Raubfische der Seen und Flüsse. Er verschlingt Fische, Frösche, Ratten, Schlangen und Wasservögel. Im 2. Lebensjahr aber, wenn er etwa 2 kg schwer ist, hat er sein ideales „Schlachtgewicht" erreicht. Sein Fleisch ist dann zart und von köstlichem Geschmack. Gedünstet oder gebraten in Rahmsauce ist er eine Delikatesse schlechthin.

1 Hecht von 1,5–2 kg, 50 g Butter, 1 Tasse gehackte Petersilie, 2 Eßlöffel Paniermehl oder zwischen den Händen

zerriebenes Weißbrot, 2 Zwiebeln oder 3 Schalotten, Salz,
Pfeffer, 1 Tasse Fleischbrühe, ¼ l Elsässer Riesling,
1 Becher Crème fraîche, Saft von ½ kleinen Zitrone

Den Hecht schuppen, ausnehmen und in handgroße
Stücke hacken. Die Butter in einem Topf zerlaufen
lassen. Die Petersilie und Zwiebelwürfel darin an-
dünsten. Ebenso die Brotbrösel zugeben. Eine feuerfeste Form mit Butter ausstreichen, die Hechtstücke
einlegen und mit der Schwitze bestreichen. Salzen und
pfeffern. Auf der mittleren Schiene bei 220° C an-
backen. Nach 10 Minuten den Wein und die Brühe
angießen. Mit Crème fraîche die Fischstücke bestreichen. Mit Zitronensaft, Pfeffer und Salz die Sauce abschmecken. Mit frischer Petersilie oder mit gehacktem
Kerbel bestreuen. Dazu serviert der Elsässer frische
Nudeln und einen trockenen Riesling.

Karpfen, Elsässer Art

1 Karpfen von 1,5 kg, 2–3 Eier, 125 g Grießmehl, Salz,
Pfeffer, Fritierfett

Den Karpfen ausnehmen, schuppen und in Scheiben
schneiden. Salzen und pfeffern. Die Eier verquirlen.
Die Fischstücke darin wenden, anschließend in dem
Grießmehl. In heißem Fritierfett braten.

Eigene Rezepte
und Notizen:

Gemüse und Salate

Die fruchtbaren Täler der Rheinebene und der sonnenverwöhnte Boden lassen hier Gemüse und Obst im Überfluß gedeihen. Das Elsaß liefert ⅙ des gesamten Weißkohlbedarfs Frankreichs.

Häufig wird behauptet, daß die Sprachgrenze nicht mit dem Anbau des Weißkrautes, sondern an der Rotkohlgrenze verläuft. Ob es stimmt, ich weiß es nicht! Fest steht aber, daß sowohl das Sauerkraut als auch der Rotkohl sehr beliebt sind. Eines der vielen typischen Rezepte sei hier vorgestellt.

Rotkohl auf Elsässer Art

1,5 kg Rotkohl, 125 g gewürfelter fetter Speck, 3 kleingehackte Zwiebeln, 2 Tassen Rotwein, 2 Tassen Fleischbrühe, 2 Eßlöffel Essig, etwas Muskatnuß und gemahlene Nelken, 1 Teelöffel Salz, Pfeffer nach Belieben, 375 g geröstete Kastanien oder 1 Dose (1 kg), naturbelassen, eingelegt

Den Kohl in feine Streifen schneiden. Den Speck mit den Zwiebeln kurz anrösten. Danach den Kohl zugeben. Die übrigen Zutaten zufügen, den Topfdeckel auflegen und das Gemüse bei 175° C so lange im Ofen schmoren, bis es weich ist. Auf die Flüssigkeit achten! Das Gemüse sollte nicht suppig sein. Deshalb eventuell zum Schluß das Gericht ohne Deckel etwas einkochen lassen.
Anmerkung: Man kann den Kohl auch, im ganzen

vorgekocht, mit zermusten Kastanien füllen und
danach nochmals wärmen und anric⁓ten.
Gut schmeckt der Kohl aber auch mit Apfelstücken
gefüllt.

Elsässer Spargelgericht

Angeblich soll ein Pastor Heyler um 1850 von einer
Reise nach Algerien die Spargelpflanzen ins Elsaß mit-
gebracht haben. Seitdem, so behauptet man, ist seine
Gemeinde, das Städtchen Hoerdt, die elsässische
„Spargelhauptstadt". Man ißt den Spargel, geschält und
gekocht, in etliche Saucen getränkt.

1 kg Spargel, Salzwasser, Zucker, Butter

*1. Sauce: 1 Tasse Mayonnaise, Milch, Salz, Zucker, Zitro-
nensaft, Pfeffer, 1 gehackte Zwiebel, frische, gehackte
Salatkräuter*

*2. Sauce: Öl, Essig oder Zitronensaft, je 1 gewürfelte
Tomate, Gewürzgurke und Zwiebel, 1 hartgekochtes Ei,
Salz, Pfeffer, gehackte Petersilie, eventuell etwas Spargel-
wasser*

Den Spargel schälen und die holzigen Endstücke abschneiden. Die Spargelstangen in einem Gemisch aus
Salz-Zucker-Butter-Wasser in etwa 15–20 Minuten,
je nach Stangenstärke, garen. Auskühlen lassen.
Mit einer der Saucen als Vor- oder Zwischengericht
reichen. Als Gemüsebeilage mit schäumender Butter

servieren.

1. Sauce: Alle Zutaten glatt verrühren.

2. Sauce: Alle Zutaten vermengen. Den Spargel darin marinieren.

Lauchgratin

1 kg Lauch (Porree), 40 g Butter, 40 g Mehl, ⅛ l Rahm, ¼ l Lauch-Brühe, 2 Eier, Salz, Pfeffer, geriebene Muskatnuß, 80 g geriebener Käse

Den Lauch putzen, das Grüne abschneiden. Waschen und in Salzwasser halbgar kochen. Die Butter zerlassen, das Mehl darin hell anschwitzen, mit Brühe und Rahm ablöschen. Die Eier verquirlen und einarbeiten. Mit Salz, Muskat und Pfeffer abschmecken. Eine feuerfeste Form ausfetten, die Lauchstangen einlegen, mit der Sauce übergießen, mit Käse bestreuen und im Ofen überbacken.

Zwiebeltaschen

Diese Plätzchen können auch mit Nudelteig zubereitet werden. Dann werden sie aber, statt gebacken, in Salzwasser gekocht.

1 Paket tiefgekühlter Blätterteig, 1–2 Eigelb, 500 g Zwiebeln, 60 g Butter, Salz, Pfeffer, 2 Eier, 1 Becher Rahm, Weißbrotbröckchen

Den Teig auftauen und in 8–10 cm große, quadratische
Plätzchen schneiden. Die Zwiebeln häuten und
würfeln. Dann in Butter anschmoren, salzen, pfeffern,
und auskühlen lassen. Die Eier mit dem Rahm verquirlen. Unter die abgekühlte Masse heben. Auf jedes
Blätterteigplätzchen wenig Zwiebelmasse geben. Die
Ränder mit Eigelb bestreichen. Die Tasche zusam-
menklappen, andrücken und obenauf wieder mit
Eigelb bestreichen. Goldbraun backen.
Die Weißbrotbröckchen in Butter braun braten und zu
den Taschen servieren.

Löwenzahnsalat

Der erste frische Salat, den die Natur im zeitigen Früh-
jahr oft kostenlos anbietet, ist der Löwenzahn.
Sucht man ihn sich selbst, so sticht man die Pflänz-
chen in den Wiesen, wenn das Herz noch gelblich-
weiß ist. Hat die Pflanze schon Blüten angesetzt, ist sie
nicht mehr verwendbar. Will man sich der Mühe des
Löwenzahnstechens nicht unterziehen, so kann man
ihn auf dem Wochenmarkt erstehen. Er schmeckt
herzhaft, aber bitter, und ist gesund, denn man
schreibt ihm eine blutreinigende und harntreibende
Wirkung zu.

500 g Löwenzahn
Sauce: Salz, Pfeffer, 1 Zwiebel, 2 hartgekochte Eier,
6 Eßlöffel Essig, 2 Eßlöffel Wasser, 4 Eßlöffel Öl

Die Blätter in mundgerechte Stücke zupfen, waschen
und eine Weile im Wasser liegen lassen. Damit wird
bewirkt, daß die Bitterstoffe aus dem Löwenzahn ge-
zogen werden. Abtropfen lassen. Eine Salatsauce zu-
bereiten: Die hartgekochten Eigelb durch ein Haarsieb
streichen und mit Essig, dem Wasser und dem Öl glatt
rühren. Salzen und pfeffern. Die Zwiebel und das
Eiweiß würfeln und mit den Salatblättchen unter die
Sauce heben. In manchen Familien wird der Salat jetzt
noch mit ausgelassenen Speckwürfeln angereichert.

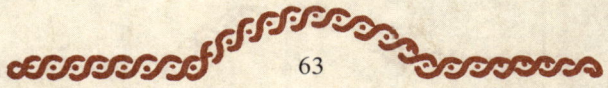

Rettichsalat

*1–2 Bund Radieschen oder 1 großer weißer Rettich, Salz,
Pfeffer*
*Sauce: Öl, Essig oder Zitronensaft, Salz, Zucker, Pfeffer,
gehackte Petersilie, je 1 gehackte Zwiebel und Knoblauchzehe*

Die Radieschen oder den Radi in feine Scheiben
schneiden und salzen. Das Wasser, das austritt, nach
1 Stunde wegschütten. Danach mit den übrigen Zutaten marinieren. Baldmöglichst verzehren.

Sauerkrautsalat

*500 g Sauerkraut (aus der Dose), Saft von ½ Zitrone,
½ Teelöffel Kümmel, eventuell einige Weintrauben*
*Sauce: 4 Eßlöffel Öl, 1 Eßlöffel Wasser, Pfeffer, Salz,
Muskatnuß*

Das Sauerkraut waschen, ausdrücken und zerschnei-
den. Mit dem Saft der halben Zitrone würzen.
Kümmel einstreuen. Eventuell einige entkernte,
halbierte Weintrauben zugeben. Mit der Sauce
marinieren.

Kartoffelsalat

1 kg Kartoffeln, 3 Eßlöffel Essig, 100 g geräucherter durchwachsener Speck, 1 Zwiebel, Salz, Pfeffer, gehackte Petersilie, Schnittlauch

Die Kartoffeln waschen und in der Schale garen. Anschließend abschrecken und pellen. In Scheiben schneiden. Die Speckwürfel mit der Zwiebel glasig anbraten und mit den anderen Zutaten zu dem Salat geben. Der Salat schmeckt intensiver, wenn man den Speck mit dem Essig heiß in der Pfanne ablöscht. Warm servieren.

Elsässer Salat I und II

1 kg Kartoffeln (gewürfelt und gekocht), 3 gekochte, gewürfelte rote Rüben, 1 Tasse Mayonnaise, Milch, Salz, Pfeffer, Kerbel, Petersilie, Schnittlauch

I. Die Kartoffeln mit den Salatzutaten mischen.

II. Eine andere Art ist die:
Schnittkäse (z.B. Holländer), Knoblauchwurst und hartgekochte Eier würfeln und mit einer Sauce aus Öl, Essig, Senf, Salz, Pfeffer, Zucker, gehacktem Schnittlauch, mit Zwiebelwürfeln und Petersilie marinieren.

Eigene Rezepte
und Notizen:

igwaren und andere Beilagen

Hier ist es Ehrensache, seine Nudeln, Spätzle, Knepfle selbst herzustellen.

Knepfle

500 g Mehl, 3 Eier, $\frac{1}{4}$ l Milch, Salz, Pfeffer

Aus Mehl, Eiern und Milch einen festen Teig kneten. Diesen salzen, pfeffern und 2 Stunden ruhen lassen. Einen Teelöffel in heißes Wasser tauchen, aus dem Teig knopfgroße Kugeln abstechen und diese in das kochende Wasser geben. Gut 10 Minuten kochen

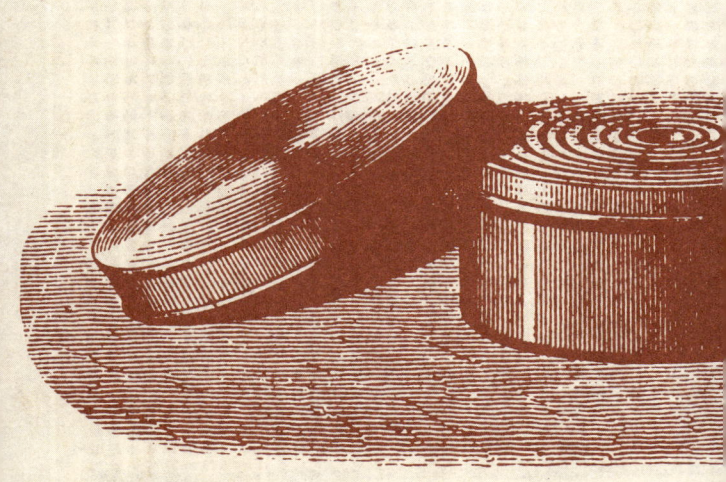

lassen. Mit einer Schaumkelle herausnehmen, abtropfen lassen und auf in Butter gerösteten Weißbrotwürfeln anrichten. Mit Tomatensauce oder heißer Butter übergießen, geriebenen Käse darüber streuen und heiß servieren.

Grießknepfle

Sie werden mittags zu Fleischgerichten oder abends zu Backobst oder Kompott gereicht. Sie schmecken

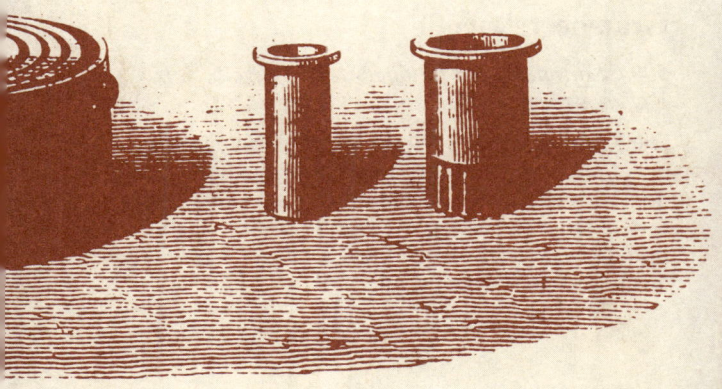

auch hervorragend in einer Gemüsesuppe. Danach ißt man nur noch grüne Salate, der Jahreszeit entsprechend, und eventuell auch noch Käse.

1 l Milch, 40 g Butter, 200 g Grieß, 2 Eigelb, geriebene Muskatnuß, Salz, 40–50 g Butter zum Übergießen

Die Milch mit der Butter aufkochen. Den Grieß einstreuen und dick einkochen. Den Brei würzen und mit den Eigelb abziehen. Mit einem Teelöffel kleine Klößchen abstechen. Damit der Teig nicht am Löffel hängen bleibt, taucht man ihn vorher in schäumend heiße Butter. Die Knepfle in eine Schüssel legen, mit der restlichen Butter übergießen und im Ofen bis zum Verzehr heiß halten. Reste werden in der Pfanne gebraten.

Grumbeereknepfle

500 g Kartoffeln, 2–3 Eßlöffel Mehl, 2 Eigelb, Salz, Pfeffer, geriebene Muskatnuß, ½ Tasse Rahm

Die Kartoffeln in der Schale kochen und danach pellen. Durch eine Kartoffelpresse drücken und mit den übrigen Zutaten zu einem geschmeidigen, aber festen Teig verarbeiten. Kleine Nocken abstechen und diese in Salzwasser 7 bis 8 Minuten lang kochen. Mit gerösteten Brotwürfeln servieren.

Eigene Rezepte
und Notizen:

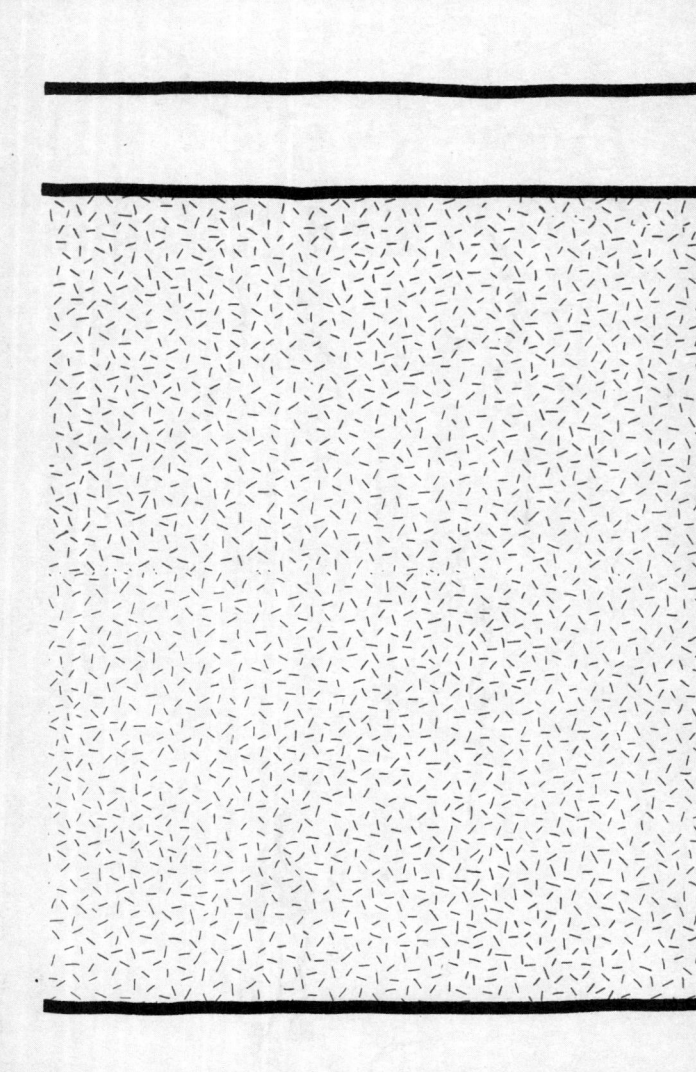

Käse

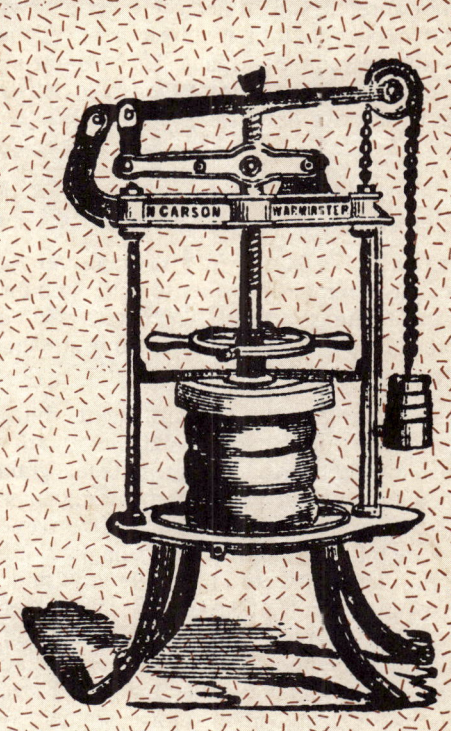

Auch wenn das Elsaß seine Eigenständigkeit fest und zäh sowohl gegenüber Deutschland als auch Frankreich bewahrt hat, so läßt sich seine Vorliebe zu Käse als Zwischengericht und -mahlzeit nicht verleugnen. Vom selbst gewonnenen Bibeleskäs bis hin zum (heute vorgefertigten) Munsterkäs ist die Schwärmerei für alle Käsesorten den Elsässern in die Wiege gelegt.

Bibeleskäs

Dieser frische Weißkäse wird fast wie Butter verwendet. Er ist mindestens ebenso beliebt und wird daher recht häufig verzehrt. Auch heute noch machen die Hausfrauen ihn selbst, weil er dann, so sagen sie, am besten schmeckt.

Dickgewordene Ziegenmilch wird leicht erhitzt, damit sich die Molke vom Quark absetzt. Der Quark wird in ein Tuch eingeschlagen, dieses wird fest zugebunden und in einen Baum gehängt. Dort läßt man das Säckchen 2–3 Tage austropfen. Danach würzt man den Frischkäse mit Salz und Kümmel und preßt ihn in runde Förmchen, die etwa handtellergroß sind. Diese sogenannten Handkäse stürzt man auf ein mit Essig getränktes Tuch, schlägt sie darin ein und läßt sie so 4–6 Wochen reifen. Sie sind gut, wenn sie außen gelb (angefault) sind. Bevorzugt man den Ziegenkäse als Frischkäse, dann wird er sofort nach dem Würzen gegessen.

Munsterkäs

Der Ort und die Abtei, knapp 20 km westlich von
Colmar, gaben diesem Käse seinen Namen. Von der
Abtei ist nichts mehr erhalten. Im Mittelalter aber war
Munster eine Reichsstadt und bildete mit 9 anderen
Gemeinden des Tales eine politische Einheit, um die
viele Kämpfe stattgefunden haben.

Der Käse, der hier nach alten Rezepturen produziert
wird, ist der Lieblingskäse der Elsässer schlechthin. Er
wird gegessen, wenn er zu „laufen" beginnt, also voll-
reif ist, mit Kümmel und vielen gehackten Zwiebeln.
Dazu gehört Bauernbrot und ein gut gekühltes, würzi-
ges Bier.

Eigene Rezepte

und Notizen:

Gebäck

Wie in ganz Frankreich üblich, werden auch im Elsaß hauchdünne Kuchen, mit oder auch ohne Obst gebacken, noch warm als Dessert verzehrt. Doch nicht nur Kuchen und Torten bilden den Abschluß eines Essens, sondern oft auch in Krapfenteig (also Bierausbackteig) gehüllte Akazien- und Holunderblüten, Apfelringe oder Birnenschnitze. Dazu trinkt man wohl Kaffee, meistens aber ein Glas Dessertwein oder Champagner.

Kugelhopf

Der wohl bekannteste und beliebteste Kuchen ist der Kugelhopf. Er wird in den wunderschönen Napfkuchenformen aus Keramik (Beschreibung siehe Seite 28) gebacken und gehört fast zum „täglichen Bedarf", ja selbst bei vielen Brauchtumsfesten wird er in großen Portionen zu Weinproben verteilt.

Teig: 1 kg Mehl, $\frac{1}{2}$ Teelöffel Salz, 40 g Hefe, 125 g Zucker, etwa $\frac{1}{2}$ l lauwarme Milch, 375 g Butter, 4 Eier, 100–150 g ungeschwefelte Sultaninen oder Rosinen
Außerdem: einige geschälte, aber ganze Mandeln, Puderzucker

Aus den angegebenen Zutaten einen Hefeteig herstellen. Eine Kugelhopfform fetten, in jede Rille einige Mandeln auf den Boden der Form legen. Den Teig einfüllen, gehen lassen und bei 175° bis 200° C auf der unteren Schiene des Backofens etwa 50 Minuten backen. Ausgekühlt mit Puderzucker bestäuben.

Elsässer Apfelkuchen

Auf dem Lande backt man ihn häufig mit hauch-
dünnem Hefeteig; die zartere Art aber ist die mit
einem Mürbeteig als Basis.

Teig: Entweder von 250 g Mehl einen Hefeteig bereiten
(¹/₄ der Menge vom vorigen Rezept, ohne Rosinen) oder
Brioche-Teig (siehe Rezept Seite 12)
Belag: 1 kg säuerliche Äpfel, z.B. Boskop oder Renetten,
2 Eßlöffel Zitronensaft
Guß: 100 g Zucker, 3 Eier, ¹/₈ l Rahm, 1 Päckchen
Vanillezucker

Den Teig ausrollen und eine runde Kuchenform damit
auskleiden. Die Äpfel schälen, vierteln, mit Zitronensaft beträufeln und einschneiden. Auf den Teig legen.
Im vorgeheizten Ofen halbgar abbacken.
Inzwischen die Zutaten zum Guß schaumig rühren.

Über den Kuchen gießen und diesen noch
20–30 Minuten auf der unteren Schiene des Ofens
backen. Am besten lauwarm essen, so lieben es die
Elsässer.

Heidelbeerkuchen

Der Heidelbeerkuchen wird auf die gleiche Weise zubereitet. Weil aber die Beeren beim Backen so schnell
feucht werden, mischt man sie mit Semmelbröseln,
die den Saft aufsaugen. Der Kuchen wird
anschließend mit Puderzucker bestreut.

Zwetschgenkuchen

Einen Hefeteig aus 250 g Mehl bereiten (siehe Zutaten
Seite 80, ¼ der Menge, ohne Rosinen).
Den Teig ausrollen, in eine runde Backform legen und
mit den entsteinten und halbierten Früchten (Menge
1 kg) belegen. Im Ofen abbacken. Noch heiß mit Zimt-
Zucker bestreuen. Streut man den Zucker vor der
Backzeit darüber, so saften die Früchte zu sehr.
Auch dieser Kuchen wird möglichst lauwarm gegessen.

Quarktorte

Mürbeteig: 250 g Mehl, 125 g Butter, 3 Eier, 40 g Zucker
Belag: 375 g Quark, ½ l Milch, 100 g Zucker, 3 Eigelb,
3 Eiweiß, 2 Eßlöffel Butter, 80 g Stärkemehl, Zimt und

*Zitronensaft nach Geschmack, Abrieb von 1 ungespritz-
ten Zitrone, 2 Päckchen Vanillezucker*

Einen festen Teig kneten, ausrollen und eine runde
Tortenform damit ausschlagen. Den Teig vorbacken.
Inzwischen den Belag verrühren, zum Schluß die steif-
geschlagenen Eiweiß unterheben. Bei sanfter Hitze,
damit der Belag nicht aufgeht – backen, bis er fest ist
(Stäbchenprobe). Warm servieren.

Anisbretle

*250 g Zucker, 3 Eier, 250 g Mehl, 50 g Speisestärke,
Anissamen nach Geschmack*

Die Eier mit dem Zucker schaumig schlagen.
Die übrigen Zutaten unterheben. Kleine Häufchen auf
ein gefettetes und bemehltes Backblech setzen.
Die ungebackenen Plätzchen einige Stunden antrock-
nen lassen. Dabei setzen sich „Füßchen" ab. Dann bei
mäßiger Hitze hellgelb abbacken.

Colmarer Plätzchen

*125 g Butter, 125 g Zucker, 250 g Mehl. 1 Eigelb für den
Teig, 1 Eigelb zum Bestreichen, 1 kleines Gläschen Weißwein*

Alle Zutaten gut verkneten. Dick ausrollen und mit
kleinen Formen ausstechen. Mit Eigelb bestreichen
und bei 175° C hellgelb backen.

Eigene Rezepte

und Notizen:

Getränke

Über Rebsorten im Elsaß und den Wein

Die malerisch schöne Weinstraße im Elsaß ist etwa
180 km lang. Sie beschert uns nicht nur schmucke und
gepflegte Ortschaften, sie bietet auch und vor allem
viele köstliche Trauben und damit Weine an, denn das
Klima und der Boden sind wie geschaffen für diese
Erzeugnisse.
Da gibt es z. B. den **Sylvaner**, einen Weißwein, der gut
zu Fischgerichten, zu Vorspeisen und zum berühmten
garnierten Sauerkraut schmeckt.

Den **Riesling**, den König der Weine, serviert man zu
Muscheln, Fisch und zu Fleisch, das gut einen
frischen, herben Weißwein verträgt.

Der **Gewürztraminer** schmeckt elegant und gediegen
und paßt zu Käse und zu Nachspeisen.

Der **Muscat**, ein trockener, duftiger Wein, wird als
Aperitif und zu Nachspeisen getrunken.

Der **Elsässer Tokay** dagegen schmeckt zu Wild, dunklem Fleisch oder zu den vielen Gänselebergerichten.

Den **Pinot blanc** trinkt man zu Geflügelgerichten oder
zu Speisen mit hellem Fleisch, wogegen der **Pinot
noir**, ein lieblicher Roséwein, wiederum wie der
Tokay zu Wild und dunklem Fleisch gehört.

Zu Recht fragen Sie: Und was ist dem **Edelzwicker?** Wird er nicht erwähnt? Doch, aber er ist ein Verschnittwein, der aus Sylvaner und Pinot oder aus Sylvaner und Riesling oder aus Sylvaner und Traminer gemischt wird. Er ist leicht und süffig und löscht, gut gekühlt, bestens den Durst.

Serviert werden all diese Weine sehr frisch, etwa auf 10° C vorgekühlt, vorzugsweise in hohen, tulpenförmigen Gläsern, die jedoch nur zu einem Drittel gefüllt werden. Erst dann kann ein richtiger Weingenießer das Bouquet und die blumige Würze mit dem Gaumen und der Nase voll erleben.
Sie sehen also, viele Rebsorten werden angebaut, viel köstlicher Wein wird daraus gewonnen, und gern und freudig trinkt man ihn zu allen Gelegenheiten – oder auch mal so zwischendurch.

Zitronensorbet

Zitroneneis, Gewürztraminer, Zitronencouleur aus Zucker und Zitronensaft

Man kocht Zucker und Zitronensaft zu Sirup.
In jedes Glas gibt man 1 Eßlöffel dieses Couleurs und füllt mit Gewürztraminer zu $3/4$ auf. Einmal umrühren, damit sich Sirup und Wein verbinden. Dahinein läßt man eine Kugel Zitronen-Wasser-Eis gleiten.
Sofort servieren.
Das Getränk ist an heißen Tagen sehr erfrischend.

Eigene Rezepte

und Notizen:

Inhaltsverzeichnis

Vorspeisen und Zwischengerichte

Gänseleberterrine	11
Gänseleber in Teig	11
Straßburger Gänseleberpastete	13
Elsässer Tüten	14
Straßburger Gänselebermedaillons	15
Elsässer Wurstbrötchen	16
Zwiebelkuchen	17
Flammeküeche	19
Weinbergschnecken, Elsässer Art	20
Torteletts, Elsässer Art	22

Fleischgerichte und Eintopfgerichte

Schiffala	26
Fleischtorte aus den Vogesen	27
Bäckeoffe	28
Kartoffeln nach Vogesenart	30
Garniertes Sauerkraut, Elsässer Art	32
Colmarer Eintopf	34

Wild und Geflügel

Fasan auf Sauerkraut   40
Hasenpfeffer   41
Hahn in Riesling   43
Hähnchen in Bier   43
Gefüllter Gänsehals   45

Fischgerichte

Matelote   50
Bärschle   51
Illhecht in Rahm   52
Karpfen, Elsässer Art   54

Gemüse und Salate

Rotkohl auf Elsässer Art   58
Elsässer Spargelgericht   59
Lauchgratin   60
Zwiebeltaschen   60
Löwenzahnsalat   62
Rettichsalat   63
Sauerkrautsalat   63
Kartoffelsalat   64
Elsässer Salat I und II   64

Inhaltsverzeichnis

Teigwaren und andere Beilagen

Knepfle 68
Grießknepfle 69
Grumbeereknepfle 70

Käse

Bibeleskäs 74
Munsterkäs 76

Gebäck

Kugelhopf 80
Elsässer Apfelkuchen 81
Heidelbeerkuchen 82
Zwetschgenkuchen 82
Quarktorte 82
Anisbretle 83
Colmarer Plätzchen 83

Getränke

Über Rebsorten im Elsaß und den Wein 88
Zitronensorbet 90

In dieser Reihe sind erschienen:

Münsterländische Küchenschätze
Schwäbische Küchenschätze
Bayerische Küchenschätze
Norddeutsche Küchenschätze
Hessische Küchenschätze
Rheinische Küchenschätze
Fränkische Küchenschätze
Romantisches Kochbuch aus Rothenburg o. d. T.
Berliner Küchenschätze
Pfälzisch-Saarländische Küchenschätze
Wiener Küchenschätze
Tiroler Küchenschätze
Salzburger Küchenschätze
Schweizer Küchenschätze
Das kleine Backbuch für Kuchen und Torten
Das kleine Schnapsbuch
Das kleine Rumtopfbuch
Das kleine vegetarische Kochbuch
Das kleine Camping-Kochbuch
Das kleine Buch der Küchenkräuter
Meine Küchenschätze (Leerkochbuch)
Das kleine Kochbuch für 1 Person
Wildfrüchte − selbst gesammelt und zubereitet
Das Schinderhannes-Kochbuch
oder: **Das kleine Kochbuch aus dem Hunsrück**
Das kleine Fischkochbuch
Das kleine Buch der Heilkräuter
Katerfrühstück
Schnelle Gedecke für 2
Die kleine Einmachküche
Das kleine jüdische Kochbuch
Westfälische Küchenschätze
Das kleine Buch der Wildgerichte
Meine Schätze aus der Vollwertküche
Brotzeiten − Genüsse rund um die Uhr
Das kleine Brotbackbuch

Fragen Sie Ihren Buchhändler oder schreiben Sie uns:
Wir schicken Ihnen gern unser Verlagsverzeichnis.